AF205289

Impressum
Verlag: BABADADA GmbH, Nedderfeld 112 , 22529 Hamburg
Geschäftsführer / Verlagsleitung: Harald Hof
Druck: Books on Demand GmbH, In de Tarpen 42, 22848 Norderstedt

Imprint
Publisher: BABADADA GmbH, Nedderfeld 112 , 22529 Hamburg, Germany
Managing Director / Publishing direction: Harald Hof
Print: Books on Demand GmbH, In de Tarpen 42, 22848 Norderstedt, Germany

school
ښوونځی

klaslokaal
ټولګی
delen
تقسیم
186/2
bord
بورد
schoolplein
د ښوونځي حویلی
leraar
ښوونکی
papier
ورق
schrijven
لیکل
pen
قلم
bureau
ډیسک
lineaal
خط کش
boek
کتاب
leerling
زده کونکی

schooltas

کڅوړه

etui

د پنسل بکسه

potlood

پنسل

puntenslijper

پنسل تراش

gum

ربړ

schetsblok

د رسامی پاڼه

2 school - ښوونځی

tekening

رسامي

penseel

د نقاشی برس

verfdoos

د نقاشی بکس

schaar

قیچي

lijm

سريښ

schrift

د تمرين کتاب

huiswerk

کورنی دنده

getal

شمير

optellen

جمع

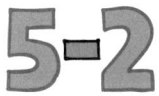

aftrekken

منفي

vermenigvuldigen

ضرب

rekenen

حساب

letter

توری

alfabet

الفبا

woord

کلمه

tekst

متن

lezen

لوستل

krijt

تباشير

les

درس

klassenboek

راجستر

examen

ازموينه

diploma

تصديق پاڼه

schooluniform

د ښوونځي يونيفارم

opleiding

تعليم

encyclopedie

دايره المعارف

universiteit

پوهنتون

microscoop

مايکروسکوپ

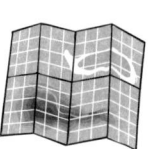

kaart

نقشه

prullenmand

اشغالدانی

hotel
هوټل
hostel
ليليه
wisselkantoor
د اسعارو د تبادلي دفتر
koffer
بکس
auto
موټر

taal
ژبه

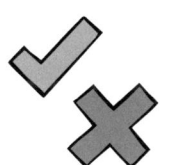

ja / nee
هو/نه

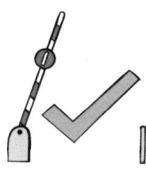

oké
سمه ده

Hallo!
سلام

tolk
ژباړونکی

Bedankt.
مننه

Wat kost ...?

څومره دي...؟

Ik begrijp het niet.

زه نه پوهيږم

probleem

ستونزه

Goedenavond!

ماښام مو پخير!

Goedemorgen!

سهار په خير!

Goedenacht!

شپه په خير!

Tot ziens!

په مخه مو ښه

richting

لارښود

bagage

سامان

tas

بيګ

rugzak

شاتني بکس

gast

ميلمه

kamer

خونه

slaapzak

د خوب کڅوړه

tent

خيمه

VVV-kantoor

د توریزم معلومات

strand

ساحل

creditkaart

کرېډيټ کارټ

ontbijt

ناری

lunch

د غرمې خواړه

diner

د شپې خواړه

kaartje

ټيکټ

lift

لفټ

postzegel

مهر

grens

پوله

douane

ګمرک

ambassade

سفارت

visum

ويزه

paspoort

پاسپورټ

transport

ټرانسپورټ

vliegtuig
الوتکه
schip
بیړۍ
brandweerwagen
د اور ماشین
bus
بس
vrachtauto
ټرک
motorboot
موټرکښتۍ
fiets
بایک
auto
موټر

veerboot

کښتۍ

boot

کښتۍ

motorfiets

موټرسایکل

politiewagen

د پولیسو موټر

raceauto

د ریس موټر

huurauto

کرایی موټر

carsharing

د کرایه موټری

takelwagen

جرثقیل لرونکی ټرک

vuilniswagen

ریفیوز ټرک

motor

موټر

benzine

سونګ توکي

benzinepomp

پټرول سټیشن

verkeersbord

ترافیکي نښه

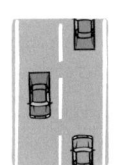

verkeer

ترافیک

file

جام ترافیک

parkeerplaats

د موټرو تمځای

station

د ریل سټیشن

rails

پاټکي

trein

ریل

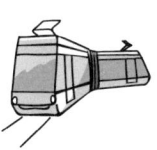

tram

ټرام

wagon

واګون

helikopter

چورلکه

luchthaven

هوايي ډګر

toren

برج

passagier

مسافر

container

کانټينر

verhuisdoos

کارتون

kar

کارټ

mand

ټوکرۍ

opstijgen / landen

الوتنه کول/کښيناستل

stad

ښار

dorp

کلی

stadscentrum

د ښار مرکز

huis

کور

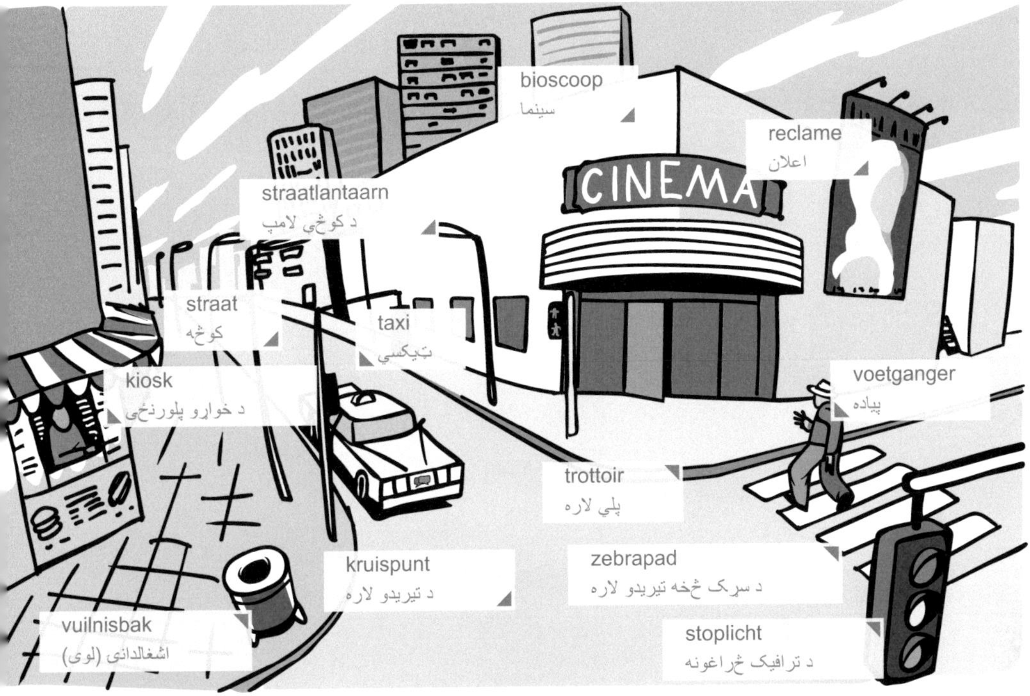

bioscoop
سینما

reclame
اعلان

straatlantaarn
د کوڅی لامپ

straat
کوڅه

taxi
ټیکسی

kiosk
د خوارو پلورنځی

voetganger
پیاده

trottoir
پلی لاره

kruispunt
د تیریدو لاره

zebrapad
د سرک څخه تیریدو لاره

vuilnisbak
اشغالدانئ (لوی)

stoplicht
د ترافیک څراغونه

hut

کودله

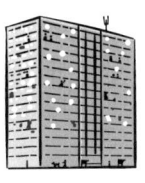

appartement

اپارتمان

station

د ریل سټیشن

stadhuis

ټاون هال

museum

میوزیم

school

ښوونځی

universiteit

پوهنتون

bank

بانک

ziekenhuis

روغتون

hotel

هوټل

apotheek

درملتون

kantoor

دفتر

boekenwinkel

کتاب پلورنځی

winkel

پلورنځی

bloemenwinkel

د ګلانو پلورنځی

supermarkt

لوی پلورنځی

markt

مارکیټ

warenhuis

د ډیپارټمنټ سټور

visboer

کب پلورنځی

winkelcentrum

د پلور مرکز

haven

لنګرتون

park

پارک

bank

بینچ

brug

پل

trap

زینه

metro

د ځمکي لاندي

tunnel

تونل

bushalte

بس تمځای

bar

بار

restaurant

ریسټورانټ

brievenbus

پوست بکس

straatnaambord

د کوڅي نښه

parkeermeter

د پارک کولو میټر

dierentuin

ژوبڼ

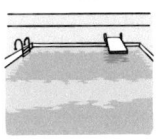

zwembad

د لامبو حوض

moskee

مسجد

boerderij

كرونده

vervuiling

ناپاكي

begraafplaats

هديره

kerk

چرچ

speelplaats

د لوبو ډګر

tempel

معبد/كليسا

landschap

منظره

blad
پاڼه

wegwijzer
د لارښوونې نښه

weg
لاره

weide
چمن

steen
كاڼى

boom
ونه

wandelaar
هيكر

rivier
سيند

gras
واښه

bloem
ګل

vallei

دره

berg

غوندی

meer

ناور

bos

ځنګل

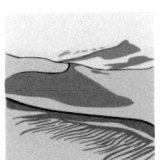

woestijn

دښته

vulkaan

اورشیندی

kasteel

کلا

regenboog

رنګین کمان

paddenstoel

مرخیړي

palmboom

پلم ونه

mug

ماشي

vlieg

الوتل

mier

میږی

bij

مچی

spin

غوندل/جولا

kever

گونګټ

kikker

چونګښه

eekhoorn

نولی

egel

زیږکی

haas

سوی

uil

ګونګ

vogel

مرغۍ

zwaan

قازه

wild zwijn

نرخوګ

hert

هوسی

eland

ګاوزه

stuwdam

بند

windmolen

بادي توربين

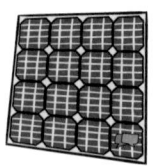

zonnepaneel

سولر تختي

klimaat

اقليم

restaurant

ریسټورانټ

ober
پیشخدمت
menu
مینو
stoel
چوکی
soep
سوپ
pizza
پیزا
bestek
ښاخی، چاقو، کاشوغه
tafelkleed
د میز ټوټه

voorgerecht

سټارټر

hoofdgerecht

اصلي خواړه

toetje

شیرني

dranken

څښاک

eten

خواړه

fles

بوتل

fastfood

فاسټ فوډ

eetkraampje

د کوڅې خواړه

theepot

چای جوش

suikerpot

قندانۍ

portie

برخه

espressomachine

اسپرسو مشین

kinderstoel

لوړه چوکۍ

rekening

رسید

dienblad

مجمه

mes

چاکو

vork

پنجه

lepel

قاشق

theelepel

چای قاشق

servet

سورويت

glas

ګلاس

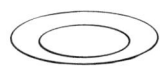

bord

پلیټ

soepbord

د سوپ پلیټ

schotel

نالبکی

saus

ساس

zoutvaatje

مالګه شیندونکی

pepermolen

د مرچ ټکولو لوخی

azijn

سرکه

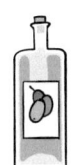

olie

غوړي

kruiden

مساله

ketchup

کچ اپ

mosterd

شرشم

mayonaise

چکه

supermarkt

لوی پلورنځی

aanbieding
ځانګړی وړاندیز
klant
پیرودونکی
zuivelproducten
لبنیات
winkelwagen
fruit
میوه

slager

قصابي

bakkerij

نانوایی

wegen

وزن کول

groente

سبزیجات

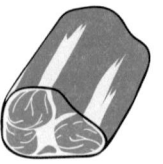

vlees

غوښه

diepvriesproducten

کنګل خواړه

vleeswaren

....

یخه غوښه

conserven

....

کنسروا خواړه

wasmiddel

....

د مينځلو پوډر

snoepgoed

....

شيريني

huishoudelijke artikelen

....

کورني توليدات

schoonmaakmiddel

....

د پاکولو محصولات

verkoopster

....

د پلور فرد

kassa

....

د نغدي راجستر

kassier

....

صراف

boodschappenlijstje

....

د پيرود ليست

openingstijden

....

کاري ساعتونه

portefeuille

....

بټوه

creditkaart

....

کريډيټ کارت

tas

....

کڅوړه

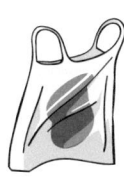

plastic zak

....

پلاستيک کڅوړه

dranken

څښاک

water

اوبه

sap

جوس

melk

شیده

cola

کوک

wijn

واین

bier

بیر

alcohol

الکول

chocolademelk

ککاو

thee

چای

koffie

کافي

espresso

اسپرسو

cappuccino

کپچینو

eten

خواړه

banaan

کیله

appel

مڼه

sinaasappel

نارنج

watermeloen

هندوانه

citroen

لیمو

wortel

ګازره

knoflook

هوږه

bamboe

بانکس

ui

پیاز

paddenstoel

مرخیړي

noten

چغزی

pasta

آش

spaghetti

سپيګټي

rijst

وريجې

salade

سلاد

friet

چپس

gebakken aardappelen

سره کړي کچالو

pizza

پيزا

hamburger

همبرګر

sandwich

سانډويچ

schnitzel

کتره

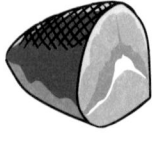

ham

د پتون غوښه

salami

سلمي

worst

ساسچ

kip

چرګ

gebraad

روسټ

vis

کب

havermout

....

د وربشې شيرني

muesli

....

موسلي

cornflakes

....

د جوار پلی

meel

....

اوړه

croissant

....

کروسانت

broodjes

....

د ډوډی رول

brood

....

ډوډی

toast

....

ټوسټ

koekjes

....

بسکیټ

boter

....

کوچ

kwark

....

چکه

taart

....

کیک

ei

....

هګۍ

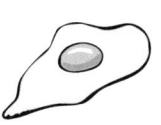

gebakken ei

....

پښې هګۍ

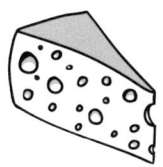

kaas

....

پنیر

ijs

آیس کریم

suiker

بوره

honing

شهد

jam

مربا

chocoladepasta

نوګـاټ کریم

kerrie

کورکمان

boerderij
کرونده

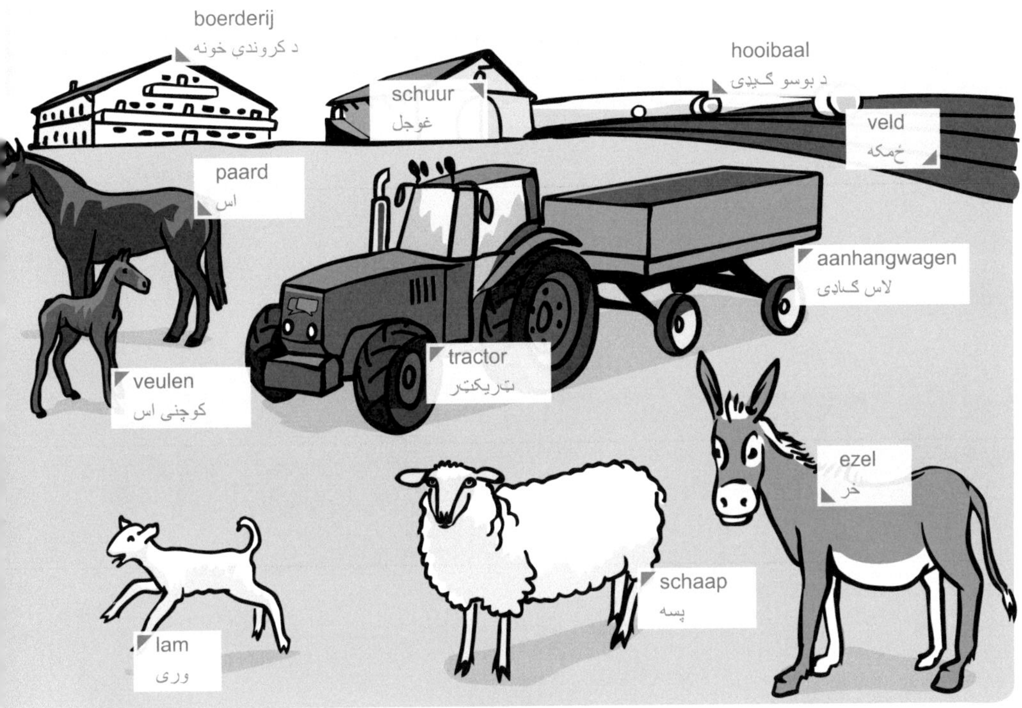
boerderij
د کروندې خونه
schuur
غوجل
hooibaal
د بوسو ګېډۍ
veld
ځمکه
paard
اس
aanhangwagen
لاس ګاډی
veulen
کوچنی اس
tractor
ټریکټر
ezel
خر
schaap
پسه
lam
وری

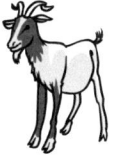

geit

وزه

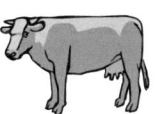

koe

غوا

kalf

خوسکی

varken

خوګ

big

د خوګ بچی

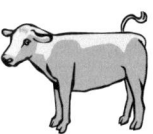

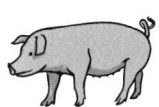

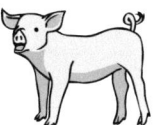

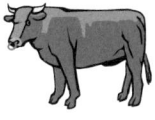

stier

غویی

gans

بته

eend

هیلۍ

kuiken

چرګوړی

kip

چرګه

haan

بانګي

rat

سارای موږک

kat

پیشک

muis

موږک

os

غویی

hond

سپی

hondenhok

د سپي خونه

tuinslang

د باغ هوز

gieter

د اوبو لوخی

zeis

لور (داس)

ploeg

یوی

sikkel

لور

schoffel

رمبی

hooivork

ښاخی

bijl

تبر

kruiwagen

کراچی

trog

ناوه

melkbus

د شیدو لوخی

zak

جوال

hek

کټاره

stal

مضبوط

broeikas

شنه خونه

grond

خاوره

zaad

تخم

mest

سره/کود

maaidorser

گـډ ریبونکی ماشین

oogsten

زیرمه کول

oogst

درمند

yam

خواږه کچالو

tarwe

غنم

soja

سویا

aardappel

کچالو

maïs

جوار

koolzaad

نباتي تخم

fruitboom

د میوی ونه

maniok

مانیوک

granen

غله

huis

کور

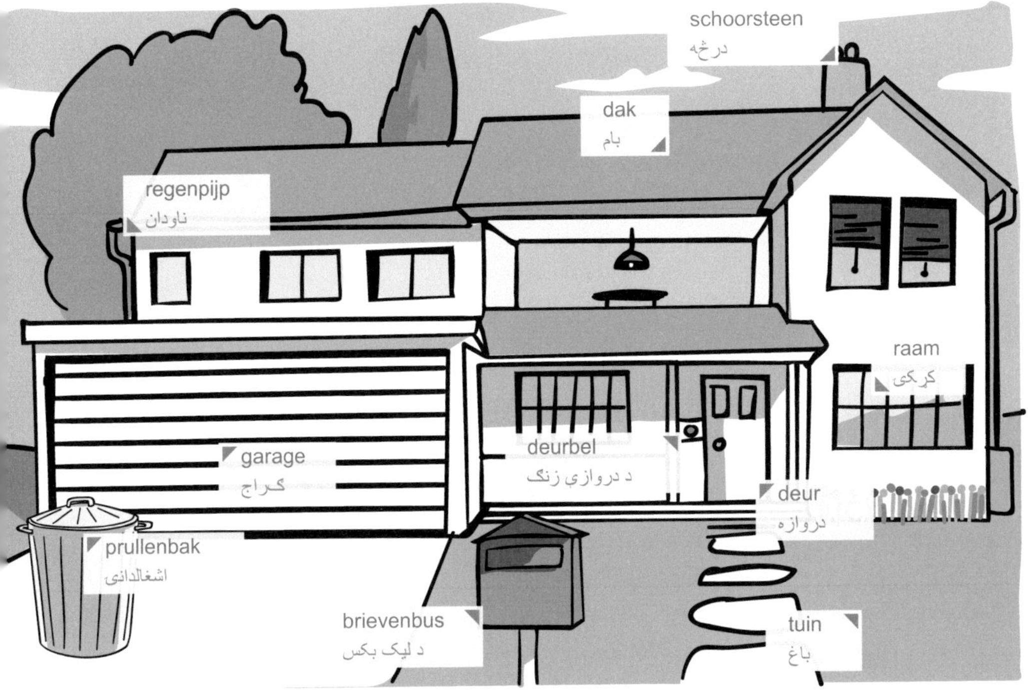

schoorsteen
درځه
dak
بام
regenpijp
ناودان
raam
garage
deurbel
د دروازې زنګ
deur
دروازه
prullenbak
اشغالدانۍ
brievenbus
د لیک بکس
tuin
باغ

woonkamer

د اوسیدو خونه

badkamer

حمام

keuken

پخلنځی

slaapkamer

د ویده کیدو خونه

kinderkamer

د ماشوم خونه

eetkamer

د خوارو خونه

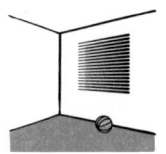

vloer

فرش

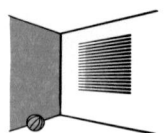

muur

دیوال

plafond

چت

kelder

زیرخانه

sauna

سونا

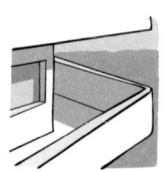

balkon

بالکوني

terras

ټراس

zwembad

حوض

grasmaaier

د چمن وهلو ماشين

laken

شيټ

bedsprei

روجایی

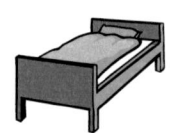

bed

تخت

bezem

جارو

emmer

بوکه

schakelaar

سویچ

woonkamer
د اوسيدو خونه

behang
والپيپر
foto
عکس
lamp
لامپ
plank
شيلف
kast
الماری
televisie
تلويزيون
open haard
نغری
bloem
ګل
kussen
بالښت
bankstel
صوفه
vaas
ګلدانی
afstandsbediening
ريموټ کنټرول

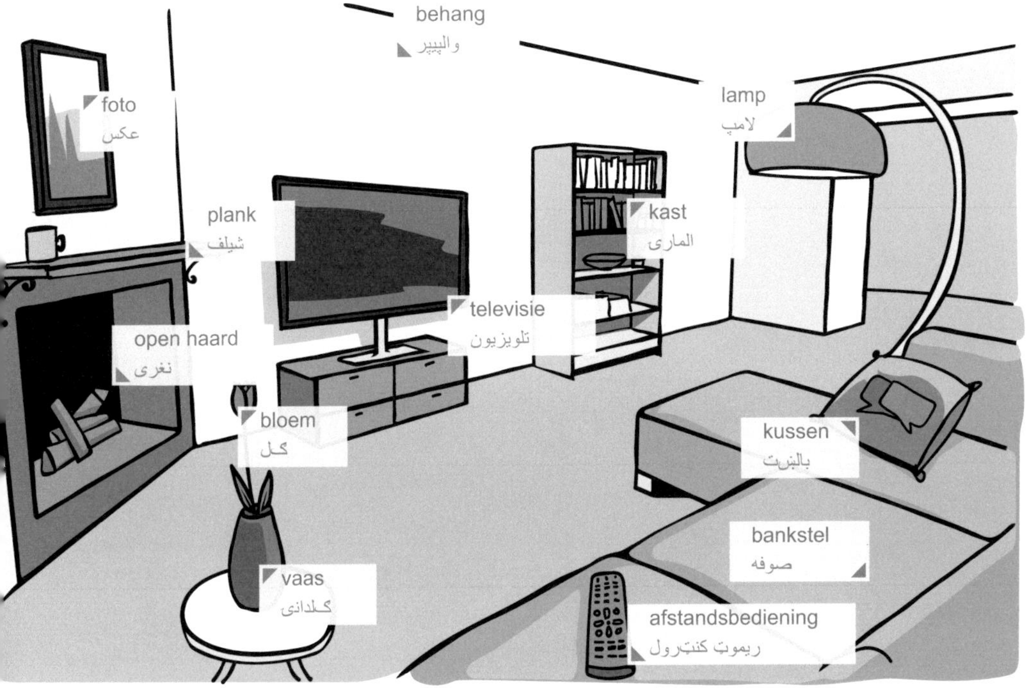

tapijt

غالی

gordijn

پرده

tafel

ميز

stoel

چوکی

schommelstoel

تاويدونکی چوکی

stoel

بازو لرونکی چوکی

boek

کتاب

deken

کمپل

decoratie

دیکوریشن

brandhout

د اور لرګـي

film

فلم

stereo-installatie

هایـفای

sleutel

کلي

krant

ورځپاڼه

schilderij

نقاشي

poster

پوسټر

radio

راډیو

kladblok

کتابچه

stofzuiger

واکیوم جارو

cactus

کاکتوس

kaars

شمع

keuken
پخلنځی

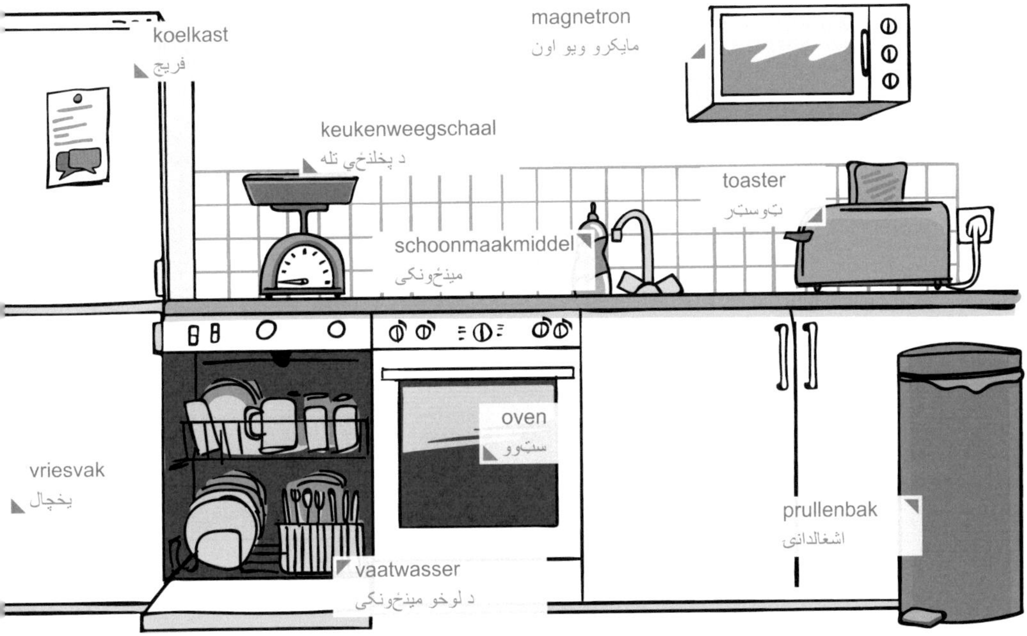
koelkast
فریج
magnetron
مایکرو ویو اون
keukenweegschaal
د پخلنځي تله
toaster
ټوستر
schoonmaakmiddel
مینځونکی
oven
سټوو
vriesvak
یخچال
prullenbak
اشغالدانی
vaatwasser
د لوخو مینځونکی

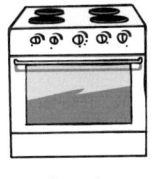

fornuis
دیگ بخار

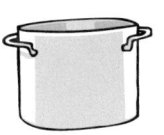

pan
لوخی

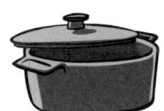

gietijzeren pan
چدني لوخی

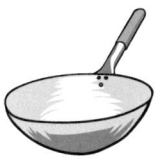

wok / kadai
ووک

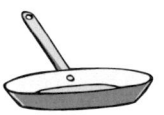

koekenpan
د تلی په

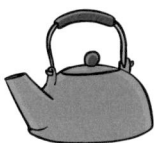

ketel
چای جوش

stoomkoker

د بخار دیگ

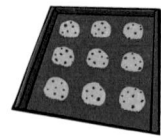

bakplaat

پتنوس

servies

لوخي

beker

مگ

kom

کاسه

eetstokjes

د رانیولو اوزار

soeplepel

څمڅی

spatel

کفګیر

garde

پاکونکی

vergiet

صافي

zeef

غلبیل

rasp

ګریټر

vijzel

اونګ

barbecue

بار بي کیو

vuurhaard

خلاص اور

snijplank

تخته

deegroller

هوارونکی

kurkentrekker

کارک سکریو

blik

ټیم

blikopener

د ټیم خلاصونکی

pannenlap

د لوخي ټوټه

wasbak

ظرف شوی

borstel

برس

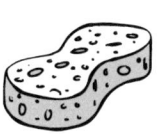

spons

سپنج

blender

بلیندر

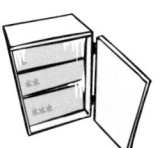

vriezer

ژور یخچال

babyflesje

د ماشوم بوتل

kraan

نل

badkamer

حمام

verwarming
handdoek
جان پاک
douche
شاور
douchegordijn
د شاور پرده
bubbelbad
بیل حمام
bad
د حمام ټب
wasmachine
د مینځلو مشین
tegels
ټایلونه
glas
گلاس
kraan
نل
potje
wasbak
ظرف شوی

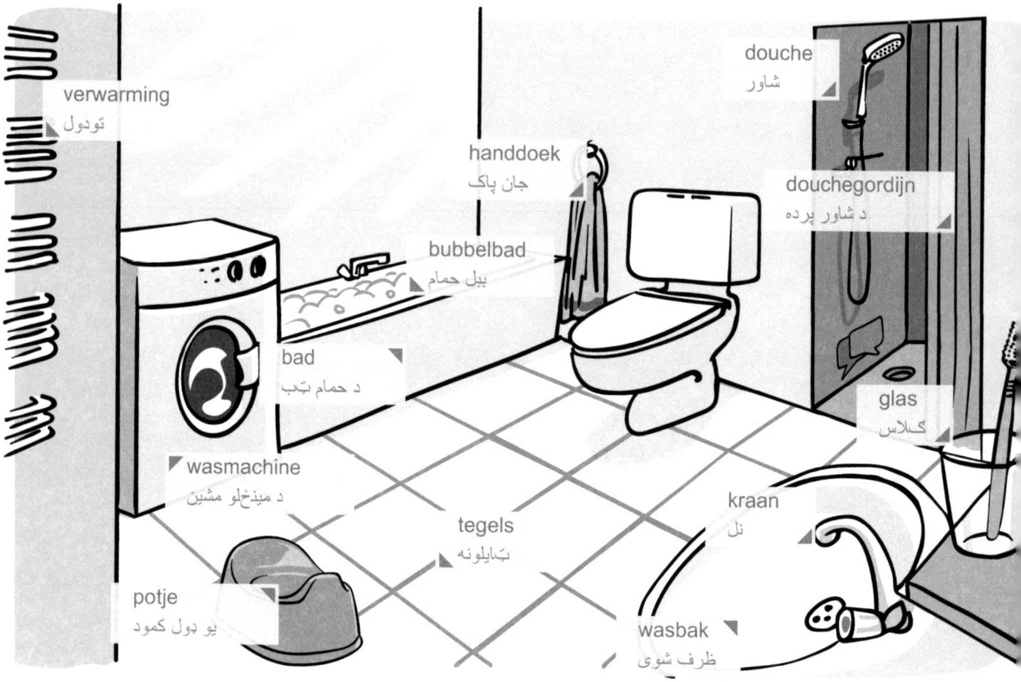

toilet

تشناب

hurktoilet

فرشي کموډ

bidet

کموډ

urinoir

د متیازو ځای

toiletpapier

تشناب کاغذ

toiletborstel

د تشناب برس

tandenborstel

....

د غاښونو برس

tandpasta

....

د غاښونو کریم

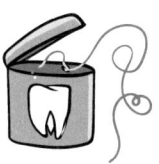

flosdraad

....

د غاښونو نخ

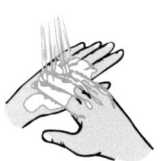

wassen

....

مینځل

handdouche

....

لاسي شاور

toiletdouche

....

دوش

waskom

....

خانک

rugborstel

....

د شا برس

zeep

....

صابون

douchegel

....

د شاور ژل

shampoo

....

شامپو

washanje

....

فلانل جامه

afvoer

....

وچول

creme

....

کریم

deodorant

....

سپرې

spiegel

آینه

make-upspiegel

لاسي آینه

scheermes

ریزر

scheerschuim

د خریلو فوم

aftershave

د خریلو وروسته

kam

ګمنځ

borstel

برس

haardroger

د ویښتانو وچونکی

haarspray

د ویښتانو سپری

make-up

میک اپ

lippenstift

لیپ سټیک

nagellak

د نوکانو پالش

watten

کاټن وری

nagelschaartje

ناخن ګیر

parfum

عطر

toilettas

د مینځلو کڅوړه

kruk

سټول

weegschaal

د وزن کولو تله

badjas

د حمام پوښاک

rubber handschoenen

د ربړ دستکش

tampon

ټامپون

maandverband

صحيی جان پاک

chemisch toilet

کیمیکل تشناب

kinderkamer

د ماشوم خونه

د الارم ساعت
knuffeldier
د لوبو وسایل
speelgoedauto
د نانځکي موټر
poppenhuis
cadeau
ډالۍ
rammelaar
ریټل

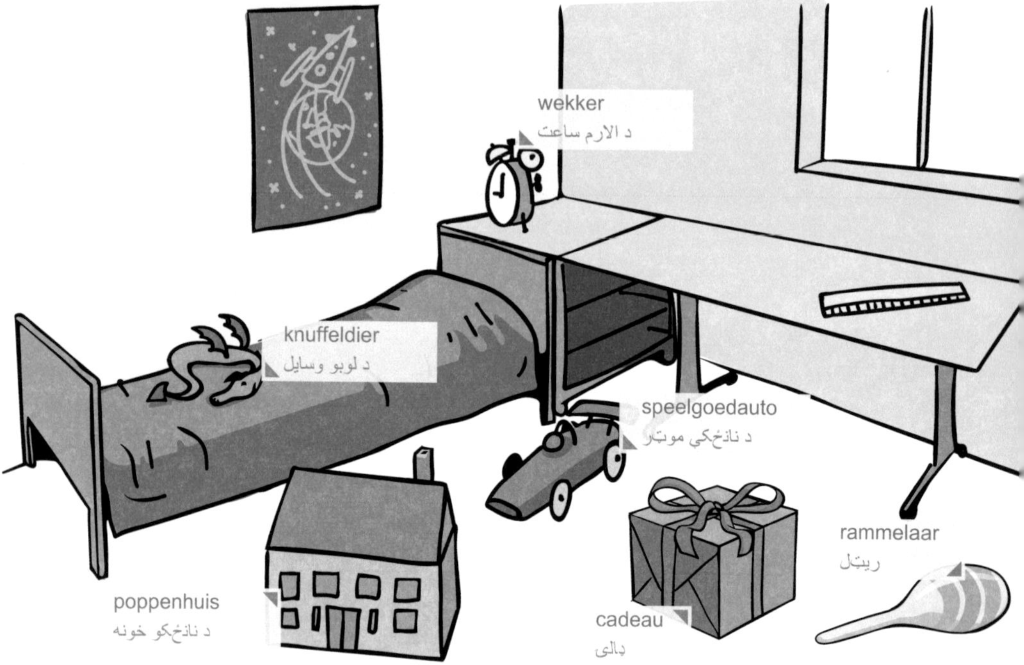

ballon

بالون

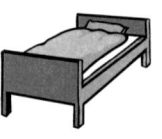

bed

تخت

kinderwagen

کالسکه

kaartspel

د لوبو ورقې

puzzel

جیګسا

stripverhaal

مسخره

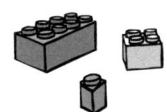

legostenen

لیګـو بریک

speelgoedblokken

د نانځکو بلاک

actiefiguurtje

د اکشن فیګـور

romper

د ماشوم پوښاک

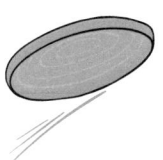

frisbee

فریزبي

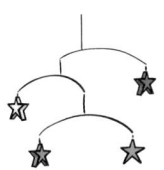

mobile

موبایل

bordspel

بورډ لوبه

dobbelsteen

تاس

modeltrein

ماډل ریل سیټ

speen

ګـونګـشی

feestje

پارټي

prentenboek

د عکسونو البوم

bal

بال

pop

نانځکه

spelen

لوبیدل

zandbak

د شګو کنده

schommel

سوینګ

speelgoed

نانځکي

spelcomputer

د ویډیو لوبو کنسول

driewieler

ټرای سایکل

teddybeer

ګوډکه

kleerkast

د کالو الماری

kleding

پوښاک

sokken

جرابی

kousen

لوړي جرابی

panty

ټایټس

44

kleding - پوښاک

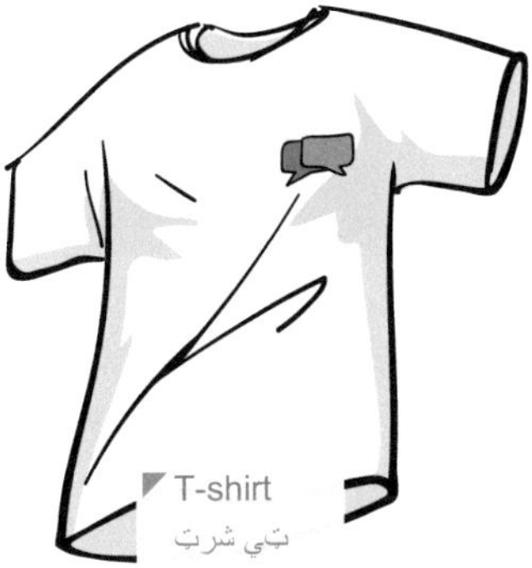

sjaal
زروکی

paraplu
چتری

riem
کمربند

T-shirt
ټي شرت

laarzen
بوټان

pantoffels
سلیپر

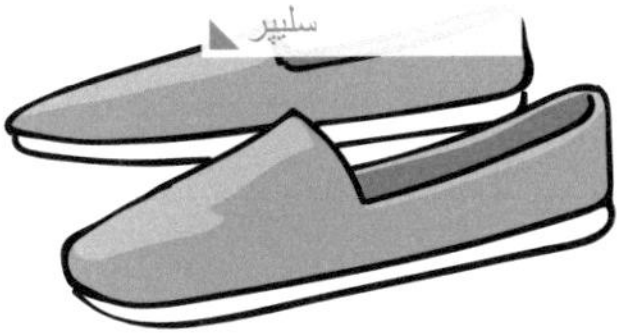

sportschoenen
سنیکر

sandalen
سینډل

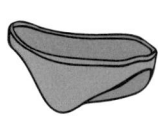

schoenen
بوټان

rubberlaarzen
د ربر بوټان

onderbroek
زیرنیکري

beha
سینه بند

onderhemd
واسکټ

body

باډي

broek

پتلون

spijkerbroek

جينز

rok

لمن

blouse

بلاوز

overhemd

شرټ

trui

بنيان

hoody

سويټر

blazer

بليزر

jas

جاکټ

mantel

کوټ

regenjas

د باران کوټ

kostuum

پوښاک

jurk

کالي

trouwjurk

د واده پوښاک

pak

دریشي

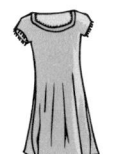

nachthemd

د شپې پوښاک

pyjama

پاجامه

sari

ساړي

hoofddoek

لوپټه

tulband

پټکی

boerka

برقه

kaftan

کفتن

abaja

عبا

zwempak

د لامبو پوښاک

zwembroek

نیکر

korte broek

شارټ

trainingspak

د ځغاستې پوښاک

schort

پیش بند

handschoenen

دستکش

knoop

بټن

bril

عینک

armband

لاس بند

ketting

غاړه کۍ

ring

ګوتمه

oorbel

غوږوالۍ

pet

خولۍ

kledinghanger

کوټ بند

hoed

خولۍ

stropdas

ټایي

rits

ځنځير

helm

هیلمیټ

bretels

تړونکي

schooluniform

د ښوونځي یونیفارم

uniform

یونیفارم

slabbetje

بیب

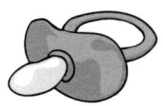

speen

كونگشی

luier

نیپي

kantoor

دفتر

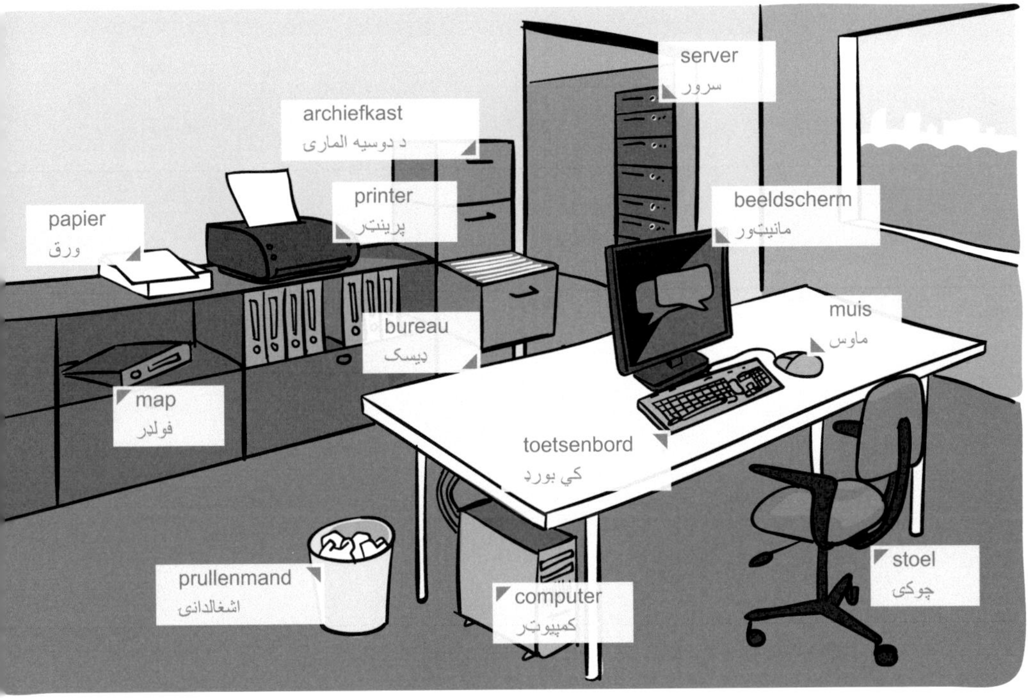

server

سرور

archiefkast

د دوسیه الماری

printer

پرینتر

beeldscherm

مانیتور

papier

ورق

bureau

ډیسک

muis

ماوس

map

فولدر

toetsenbord

كي بورډ

prullenmand

اشغالدانئی

computer

كمپیوتر

stoel

چوكی

koffiemok

د كافي پیاله

rekenmachine

كالكولیتر

internet

انترنیټ

laptop

لپ ټاپ

brief

لیک

bericht

پیغام

mobiele telefoon

موبایل

netwerk

نیټورک

kopieermachine

فوټوکاپیر

software

سافټویر

telefoon

تلیفون

stopcontact

پلګ ساکټ

fax

فکس مشین

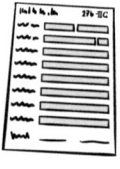

formulier

فارم

document

سند

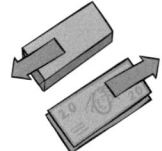

kopen

پېرل

betalen

تادیه کول

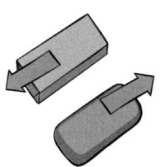

handel drijven

سوداګري کول

geld

پیسې

dollar

ډالر

euro

یورو

yen

ین

roebel

ربل

Zwitserse frank

سویسي فرانک

renminbi yuan

رینمینبي یوان

roepie

روپۍ

geldautomaat

د نغدي پیسو ځای

wisselkantoor

د اسعارو د تبادلې دفتر

goud

سره زر

zilver

سپین زر

olie

تیل

energie

انرژي

prijs

نرخ

contract

قرارداد

belasting

مالیه

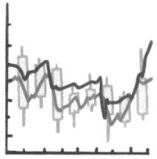

aandeel

اسهام

werken

کار کول

werknemer

کارمند

werkgever

کار ګومارونکی

fabriek

فابریکه

winkel

پلورنځی

beroepen
مسلکونه

brandweerman
د اطفایه غړی
politieagent
د پولیسو افسر
kok
آشپز
dokter
ډاکټر
piloot
پیلوټ

tuinman

باغوان

timmerman

نجار

naaister

خیاط

rechter

قاضي

scheikundige

کیمیا پوه

toneelspeler

د فلم لوبغاړی

buschauffeur

د بس ډرايور

taxichauffeur

د ټېکسي ډرايور

visser

کب نيونکی

schoonmaakster

خدمه

dakdekker

بام جوړونکی

ober

پېشخدمت

jager

ښکاري

schilder

نقاش

bakker

نانوا

elektricien

د برښنا کارکونکی

bouwvakker

تعمير جوړونکی

ingenieur

انجنير

slager

قصاب

loodgieter

نلدوان

postbode

پوست رسونکی

soldaat

سرتیری

architect

مهندس

kassier

صراف

bloemist

مالیار

kapper

نایی

conducteur

کلینډر

monteur

میکانیک

kapitein

کپتان

tandarts

د غاښونو ډاکټر

wetenschapper

ساینس پوه

rabbi

ښاغلی

imam

امام

monnik

مذهبي نفر

pastoor

پادري

gereedschap
لوازم

hamer
tang
پلاس
schroevendraaier
پیچکش
moersleutel
رینچ
zaklamp
څراغ

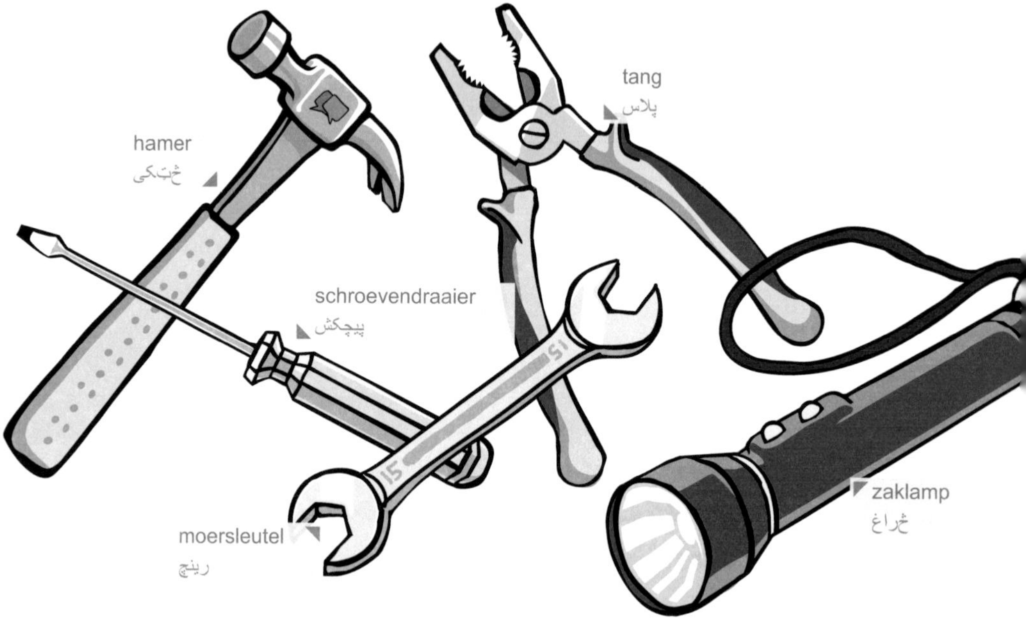

graafmachine

کنستونکی

gereedschapskist

د لوازمو بکس

ladder

زینه

zaag

اره

spijkers

میخونه

boor

برمه

repareren

ترمیم کول

schep

بیل

Verdorie!

لعنت!

stofblik

خاک انداز

verfpot

مشواڼی

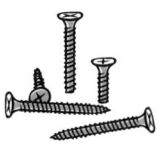

schroeven

پیچونه

muziekinstrumenten

د میوزیک آلات

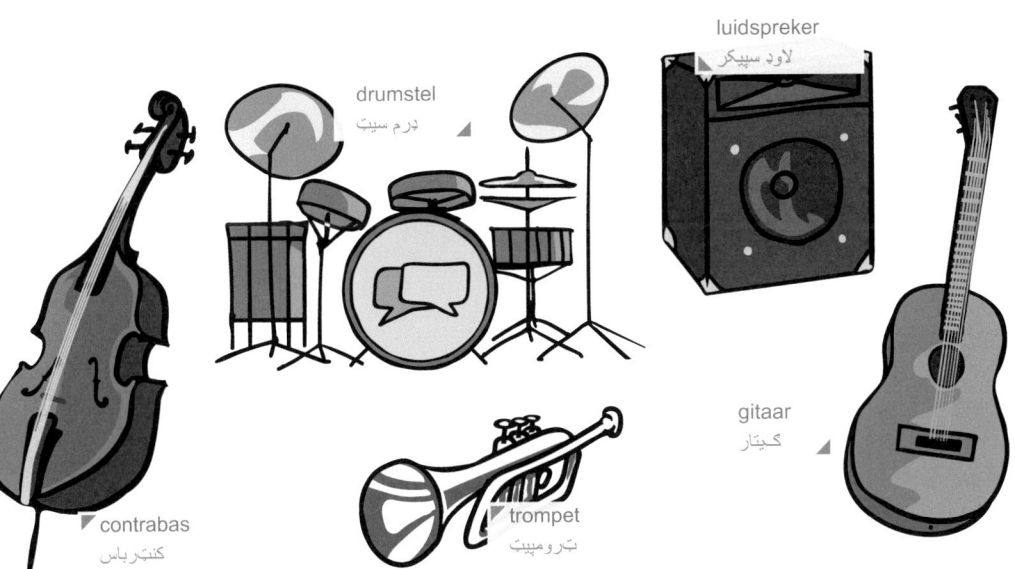

luidspreker
لاود سپیکر
drumstel
درم سیټ
gitaar
ګیتار
contrabas
کنټرباس
trompet
ټرومپیټ

piano

پیانو

viool

وایلن

bas

باس

pauk

نغاره

trommel

ډرمونه

keyboard

کي بورډ

saxofoon

سیکسافون

fluit

شپیلی

microfoon

مایکروفون

dierentuin

ژوبڼ

ingang
ننوتو لاره
tijger
kooi
پنجره
zebra
ګوره خر
dierenvoer
د ژويو خواړه
panda

dieren

ژوی

olifant

هاتي

kangoeroe

کنګرو

neushoorn

د اوبو اسپ

gorilla

ګوریلا

beer

ایږه

kameel

اوښ

struisvogel

شترمرغ

leeuw

زمری

aap

بيزو

flamingo

غزی

papegaai

طوطي

ijsbeer

قطبي ايږه

pinguïn

پينګوين

haai

شارک

pauw

طاوس

slang

مار

krokodil

تمساح

dierenverzorger

ژوبڼ ساتونکی

zeehond

سيل

jaguar

جګوار

pony

يابو

luipaard

پړانګ

nijlpaard

هيپو

giraffe

زرافه

adelaar

باز

wild zwijn

نرخوګ

vis

كب

schildpad

شمشتی

walrus

سمندري نولی

vos

ګيدړه

gazelle

هوسۍ

sport
ورزش

American football
امریکایی فټبال
wielrennen
سایکل ځغلول
tennis
basketbal
باسکیټبال
zwemmen
لامبو
boksen
باکسینګ
ijshockey
د کنګل هاکي

voetbal

فټبال

badminton

کسیزه

atletiek

د ځغاستي لوبي

handbal

د هندبال

skiën

سکي

polo

پولو

activiteiten
فعالیتونه

lachen
خندل
springen
ټوپ وهل
knuffelen
غاړه ورکول
lopen
ګرځېدل
zingen
سندري ويل
dromen
خوب لیدل
bidden
عبادت کول
kussen
مچو کول

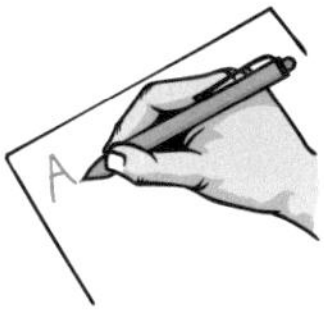

schrijven
لیکل

tekenen
کښل

tonen
ښودل

duwen
ټېله کول

geven
ورکول

oppakken
اخیستل

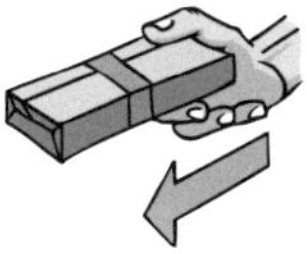

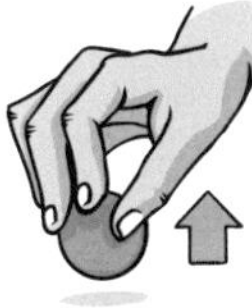

hebben

درلودل

doen

کول

zijn

پاییدل

staan

ودریدل

rennen

منډې وهل

trekken

راکښل

gooien

ګوزارل

vallen

لویدل

liggen

څملاستل

wachten

انتظار کول

dragen

وړل

zitten

کښیناستل

aankleden

پوښاک اغوستل

slapen

ویده کیدل

wakker worden

پاڅیدل

bekijken

کتل

huilen

ژړل

strelen

برېد کول

kammen

ګمنځ کول

praten

خبرې کول

begrijpen

پوهېدل

vragen

غوښتل

horen

اورېدل

drinken

څښل

eten

خوړل

opruimen

پاکول

houden van

مينه کول

koken

پخلی کول

rijden

موټر چلول

vliegen

الوتل

zeilen

بیړی چلول

rekenen

حساب

lezen

لوستل

leren

زده کول

werken

کار کول

trouwen

واده کول

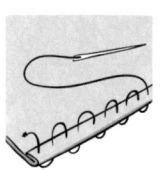

naaien

گنډل

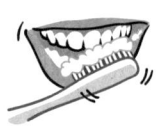

tandenpoetsen

د غاښونو برس کول

doden

وژل

roken

سګرټ څښل

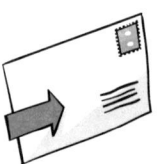

verzenden

لیږل

familie
کورنۍ

grootmoeder
grootvader
نیکه
vader
پلار
moeder
مور
baby
ماشوم
dochter
لور
zoon
زوی

gast
....
میلمه

tante
....
ترور

oom
....
کاکا/ماما

broer
....
ورور

zus
....
خور

lichaam

بدن

voorhoofd
تندی
oog
schouder
اوږه
vinger
gezicht
مخ
kin
زنه
hand
لاس
borst
سینه
been
پښه
arm

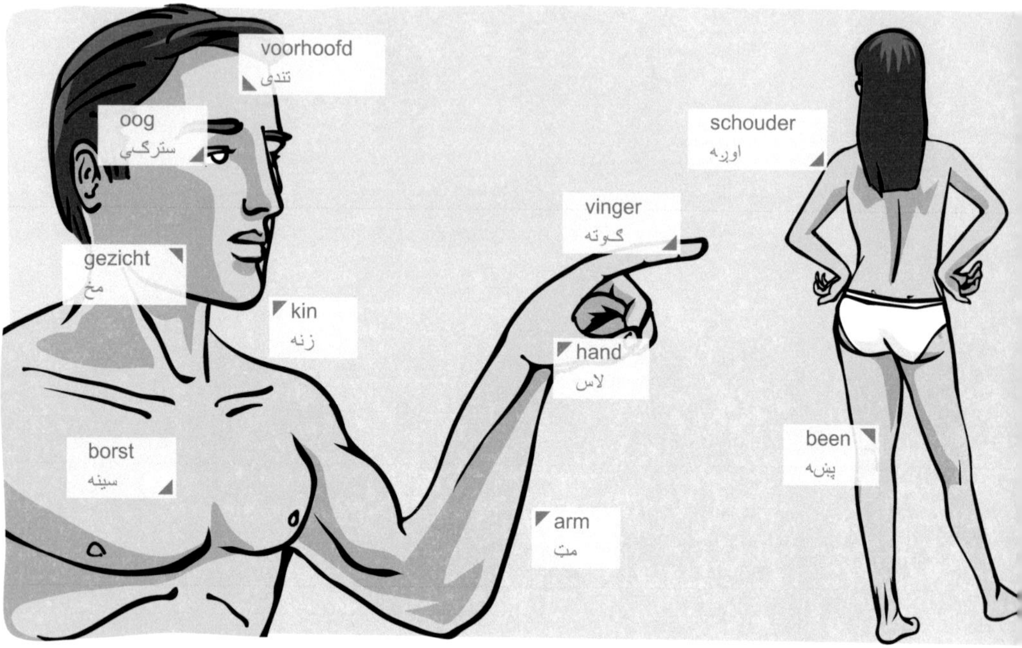

baby

ماشوم

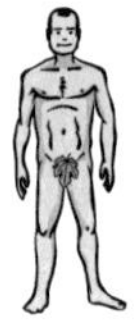

man

سړی

vrouw

ښځه

meisje

انجلۍ

jongen

هلک

hoofd

سر

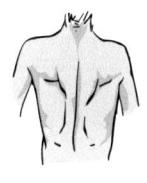

rug

شا

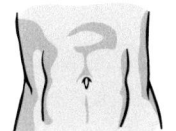

buik

خېټه

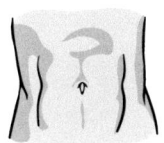

navel

نوم

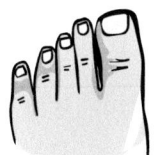

teen

د پښې ګوته

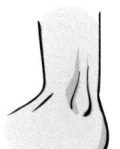

hiel

پونده

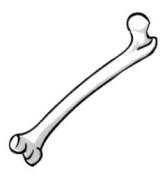

bot

هډوکی

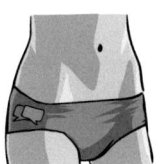

heup

کوناټی

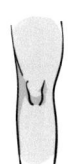

knie

زنګون

elleboog

څنګل

neus

پوزه

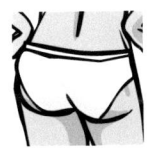

achterwerk

لاندې برخه

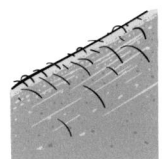

huid

پوټکی

wang

غومبوری

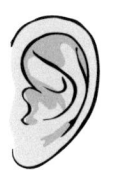

oor

غوږ

lippen

شونډه

mond

خوله

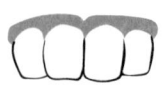

tand

غاښ

tong

ژبه

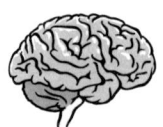

hersenen

مغز

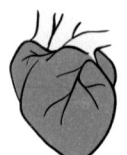

hart

زړه

spier

عضله

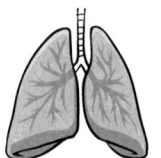

long

سږی

lever

ځیګر

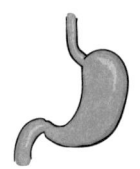

maag

معده

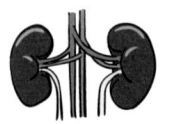

nieren

پښتورګي

geslachtsgemeenschap

جنسي نږدې والی

condoom

کانډوم

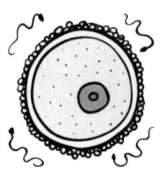

eicel

تخمه

sperma

مني

zwangerschap

حمل

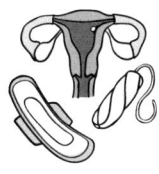

menstruatie

حیض

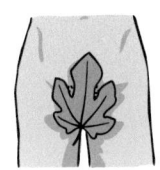

vagina

مهبل

penis

د نارینه تناسلی اله

wenkbrauw

وروځی

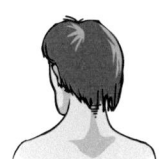

haar

ویښته

hals

غاړه

ziekenhuis
روغتون

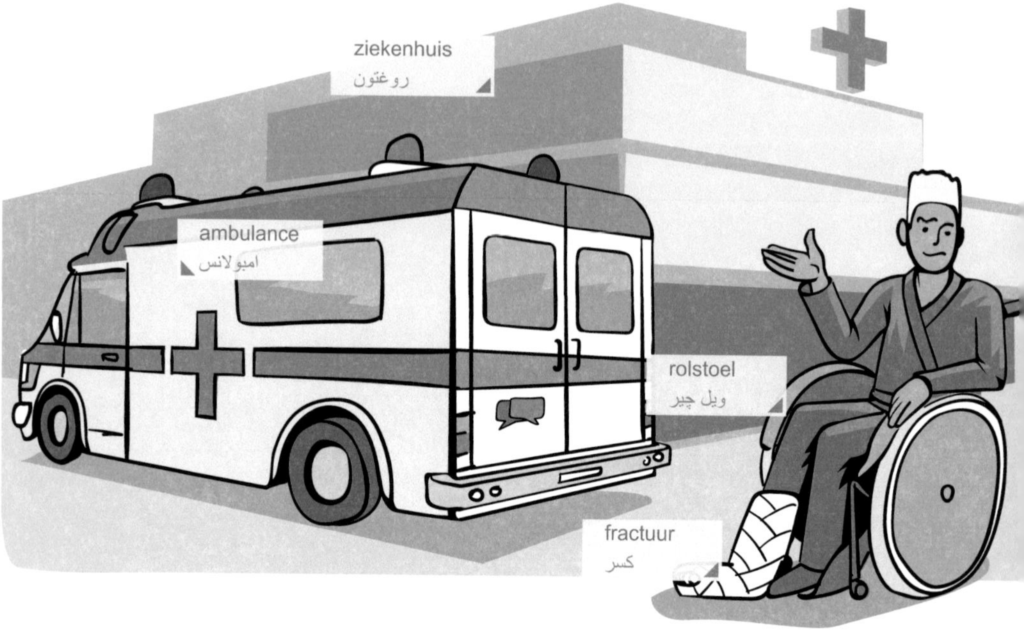

ambulance
امبولانس
rolstoel
ویل چیر
fractuur
کسر

dokter

ډاکټر

EHBO

عاجل خونه

verpleegster

رنځورپال

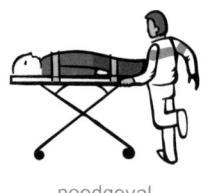

noodgeval

عاجل

bewusteloos

بې هوش

pijn

درد

verwonding

ټپ

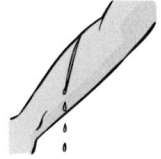

bloeding

وینه تویدل

hartaanval

د زړه حمله

beroerte

ضرب

allergie

حساسيت

hoest

ټوخی

koorts

تبه

griep

انفلوينزا

diarree

نس ناستی

hoofdpijn

سر درد

kanker

سرطان

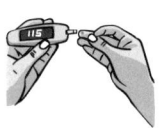

diabetes

شكر

chirurg

جراح

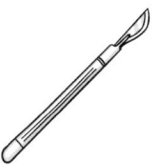

scalpel

سکالپل

operatie

عمليات

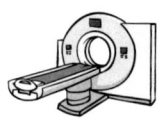

CT

سيټي

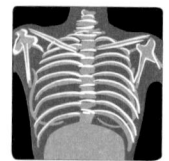

röntgen

ايکس ری

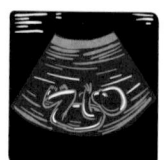

echografie

الټراساونډ

gezichtsmasker

د مخ ماسک

ziekte

ناروغي

wachtkamer

انتظار خونه

kruk

امسا

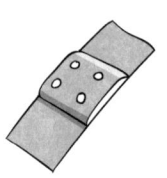

pleister

پلستر

verband

بنداژ

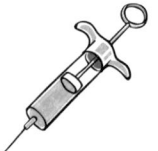

injectie

تزريق

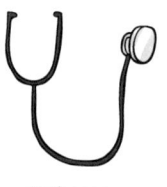

stethoscoop

ستاتسکوپ

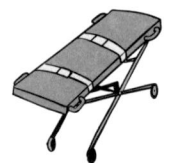

brancard

تسکيره

thermometer

کلينکي ترماميټر

geboorte

زيږون

overgewicht

زيات وزن

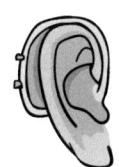

gehoorapparaat

د اوریدو مرسته

ontsmettingsmiddel

د عفونيت څخه پاکونکي مواد

infectie

عفونيت

virus

ويروس

HIV / AIDS

ایچ.آی.وی/ایډز

medicijn

درمل

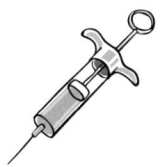

inenting

واکسين

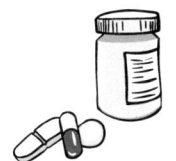

tabletten

ټابليټس

pil

ګولی

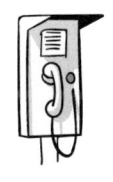

alarmnummer

عاجل تليفون

bloeddrukmeter

د وينی د فشار څارونکی

ziek / gezond

ناروغ/روغ

noodgeval

عاجل

Help!

مرسته!

alarm

الارم

overval

يرغل

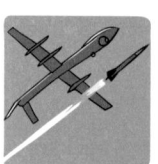

aanval

بريد

gevaar

خطر

nooduitgang

عاجل لاره

Brand!

اور!

brandblusser

د اور وژونکی

ongeluk

پيښه

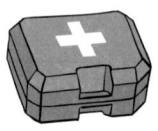

EHBO-koffer

د لومړی مرستې لوازم

SOS

ايس.او.ايس

politie

پوليس

Europa
اروپا

Noord-Amerika
شمالي امریکا

Zuid-Amerika
سهیلي امریکا

Afrika
افریقا

Azië
آسیا

Australië
آسټریلیا

Atlantische Oceaan
اتلانتیک

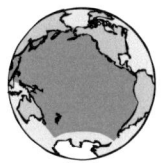

Stille Oceaan
پاسیفیک

Indische Oceaan
د هند بحر

Zuidelijke Oceaan
جنوبي منجمد بحر

Noordelijke IJszee
د شمال قطب بحر

Noordpool
شمالي قطب

Zuidpool

سهيلي قطب

Antarctica

انټارکټيکا

aarde

ځمکه

land

ځمکه

zee

بحر

eiland

ټاپو

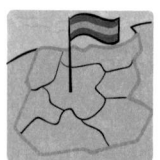

natie

ملت

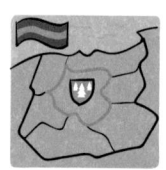

staat

دولت

klok

ساعت

wijzerplaat

د مخې ساعت

uurwijzer

د ساعت ستنه

minutenwijzer

د دقیقې ستنه

secondewijzer

د ثانیې ستنه

Hoe laat is het?

څه وخت دی؟

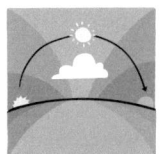

dag

ورځ

tijd

وخت

nu

اوس

digitaal horloge

ډیجیټل ساعت

minuut

دقیقه

uur

ساعت

week

اونۍ

SO

maandag
دوشنبه

dinsdag
سه شنبه

woensdag
چهارشنبه

donderdag
پنجشنبه

vrijdag
جمعه

zaterdag
شنبه

zondag
یکشنبه

gisteren

پرون

vandaag

نن

morgen

سبا

ochtend

سهار

middag

غرمه

avond

ماښام

werkdagen

کاري ورځې

weekend

د اونۍ پای

regen
باران

regenboog
رنگین کمان

sneeuw
واوره

wind
باد

voorjaar
پسرلی

herfst
منی

zomer
اوړی

winter
ژمی

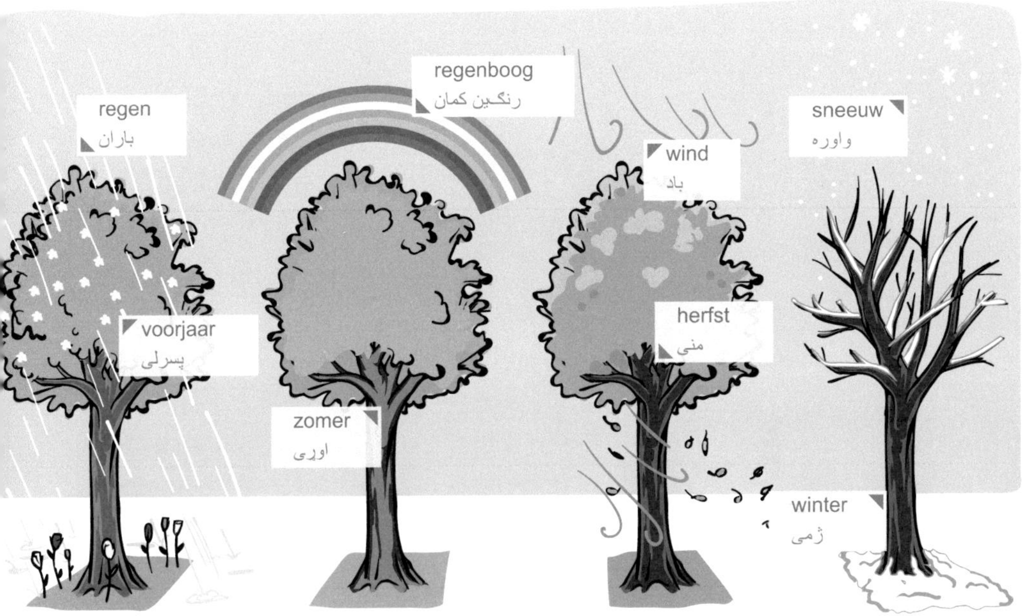

weerbericht

د موسم وړاندوینه

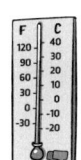

thermometer

ترمومیټر

zonneschijn

د لمر وړانګی

wolk

وریځ

mist

لړه

luchtvochtigheid

رطوبت

bliksem

رڼا

donder

تندر

storm

توفان

hagel

ږلۍ وريدل

moesson

مون سون باران

overstroming

سيلاب

ijs

يخ

januari

جنوري

februari

فبروري

maart

مارچ

april

اپرېل

mei

مۍ

juni

جون

juli

جولای

augustus

اګست

september

سپتمبر

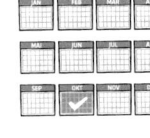

oktober

اکتوبر

november

نومبر

december

دسمبر

vormen

شکلونه

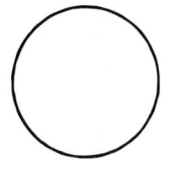

cirkel

دایره

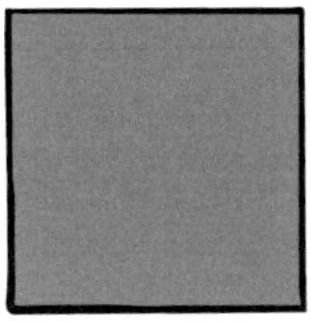

vierkant

مربع

rechthoek

مستطیل

driehoek

مثلث

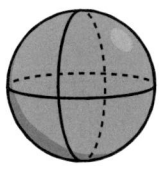

bol

توپ

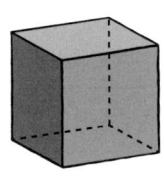

kubus

قال

kleuren
رنگونه

wit

سپین

geel

ژیر

oranje

نارنجي

roze

گلابي

rood

سور

paars

ارغواني

blauw

نیلي

groen

شین

bruin

نسواري

grijs

خر

zwart

تور

tegenstellingen

متضاد

veel / weinig

....

خورا ډیر/خورا لږ

boos / rustig

....

قار/ارام

mooi / lelijk

....

ښکلې/بدشکله

begin / einde

....

پیل/پای

groot / klein

....

لوی/کوچنی

licht / donker

....

روښانه/تیاره

broer / zus

....

ورور/خور

schoon / vies

....

پاک/ککړ

volledig / onvolledig

....

مکمل/نامکمل

dag/ nacht

....

ورځ/شپه

dood / levend

....

مړ/ژوندی

breed / smal

....

پراخه/نری

eetbaar / oneetbaar

د خوراک وړ/نه خوړل کیدونکی

gemeen / aardig

بد/مهربان

opgewonden / verveeld

پاریدلی/بي خونده

dik / dun

چاق/وچ

eerste / laatste

لومړی/وروستی

vriend / vijand

ملګری/دښمن

vol / leeg

ډک/تش

hard / zacht

سخت/نرم

zwaar / licht

دروند/سپک

honger / dorst

لوږه/تنده

ziek / gezond

ناروغ/روغ

illegaal / legaal

غیرقانوني/قانوني

intelligent / dom

هوښیار/ساده

links / rechts

کیڼ/ښي

dichtbij / ver

نږدې/لرې

nieuw / gebruikt

نوی/زوړ

niets / iets

هیڅ/یوڅه

oud / jong

بډا/ځوان

aan / uit

چالانړ/بند

open / gesloten

خلاصه/تړلی

zacht / luid

غلی/لوړ غږ

rijk / arm

بډایه/غریب

goed / fout

صحیح/غلط

ruw / glad

زیږ/ملایم

verdrietig / gelukkig

خفه/خوښ

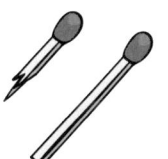

kort / lang

لنډ/اوږد

langzaam / snel

سست/ګړندی

nat / droog

لوند/وچ

warm / koel

ګرم/یخ

oorlog / vrede

جګړه/سوله

getallen

شمیرې

0

nul

صفر

1

één

یو

2

twee

دوه

3

drie

درې

4

vier

څلور

5

vijf

پنځه

6

zes

شپږ

7

zeven

اوه

8

acht

اته

9

negen

نهه

10

tien

لس

11

elf

یولس

12

twaalf

دولس

13

dertien

دیارلس

14

veertien

څوارلس

15

vijftien

پنځلس

16

zestien

شپاړس

17

zeventien

وولس

18

achttien

اتلس

19

negentien

نولس

20

twintig

شل

100

honderd

سل

1.000

duizend

زر

1.000.000

miljoen

میلیون

talen

ژبي

Engels

انگلسي

Amerikaans Engels

امریکایی انگلسي

Chinees Mandarijn

چینایی مندرین

Hindi

هندي

Spaans

هسپانوي

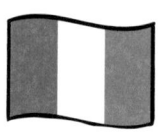

Frans

فرانسوي

Arabisch

عربي

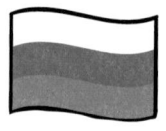

Russisch

روسي

Portugees

پرتگالي

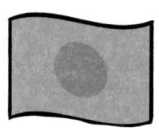

Bengalees

بنگالي

Duits

آلماني

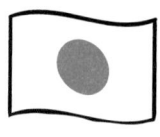

Japans

جاپاني

wie / wat / hoe

څوک/څه/څنګه

ik

زه

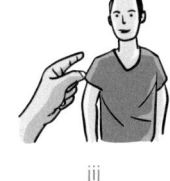

jij

ته

hij / zij / het

هغه/دغه/دا

wij

موږ

jullie

تاسي

zij

دوی/هغوی

wie?

څوک؟

wat?

څه؟

hoe?

څنګه؟

waar?

چیری؟

wanneer?

کله؟

naam

نوم

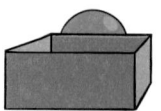

waar

چیرې

achter

شاته

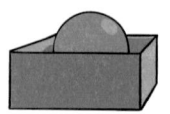

in

په

voor

په مخه کې

boven

باندې

op

په

onder

لاندې

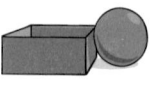

naast

برسیره پر

tussen

ترمینځ

plaats

ځای